Bisher in der Reihe *Emotionale Entwicklung für Kinder ab 5* erschienen:
Ich und meine Gefühle
Wohin mit meiner Wut?
Manchmal gibt es einfach Streit
Zum Glück gibt es Geschwister!
Was mach ich nur mit meiner Trauer?
Mein erstes Buch der Gefühle – Von Wut, Streit und Gummibärchen
Was, wenn Eltern auseinandergehen?
Wie ist das mit dem Ärgern?
Vom Kranksein und Gesundbleiben
Ich mache alles mit links!
Wieso hab ich eigentlich Angst?

Bisher in der Reihe *Aufklärung für Kinder ab 5* erschienen:
War ich auch in Mamas Bauch?
Mein erstes Aufklärungsbuch

Bisher in der Reihe *Schutz vor Missbrauch für Kinder ab 5* erschienen:
Mein Körper gehört mir!

Bisher in der Reihe *Emotionale Entwicklung für Grundschulkinder* erschienen:
Kein Stress mit dem Stress!
Wie nutze ich das Internet für die Schule?
Mein Körper gehört mir – auch im Sport!

FSC
www.fsc.org
MIX
Papier | Fördert gute Waldnutzung
FSC® C109273

Klimaneutral
Druckprodukt
ClimatePartner.com/18521-2202-1001

ISBN 978-3-7432-1643-3
1. Auflage 2023

Dieses Werk wurde vermittelt durch die
Michael Meller Literary Agency GmbH, München
Umschlag- und Innenillustrationen: Nikolai Renger
Umschlaggestaltung: Ramona Karl
Printed in the EU

www.loewe-verlag.de

Dagmar Geisler

Mein Körper gehört mir – auch im Sport!

Illustrationen von Nikolai Renger

Loewe

Inhalt

Ein neuer Trainer

„Ich bin schon total aufgeregt“, sagt Emilia. „Nächste Woche ist Landesmeisterschaft und wir waren noch nie so gut wie jetzt.“

„Mhm“, macht Nora und sieht gar nicht erfreut aus.

„Was hast du?“, fragt Emilia. „Vor allem du müsstest dich freuen! Schließlich bist du besser als wir alle.“

Das stimmt. Nora ist richtig gut im Turnen. Es ist das, was ihr am meisten Spaß macht. Vor allem die Flickflacks. Und sie hat auch schon fast den Salto aus dem Stand geschafft.

„Seit wir den neuen Trainer haben, sind wir alle besser geworden, findest du nicht?“, fragt Emilia. „Vielleicht schlagen wir sogar die Neustädter, dann können die sich ihre Hochnäsigkeit sonst wohin schieben.“ Emilia lacht und boxt in die Luft. „Los, komm!“, ruft sie, greift Noras Hand und zieht sie mit sich in die Turnhalle.

Sven und Julia sind schon da, sie trainieren die Turnerriege gemeinsam. Aber Julia steckt gerade mitten im Abitur, deshalb ist sie froh, Verstärkung bekommen zu haben. Und was für eine.

„Sven ist Turnweltmeister“, hat sie gesagt, als sie ihn zum ersten Mal mitgebracht hat. Und sie findet, dass es eine Riesenehre ist, dass er ihren Verein trainiert und nicht etwa die Neustädter, die ihn auch haben wollten.

Alle finden Sven toll. Nora eigentlich auch. Aber ...

Ein großes Talent

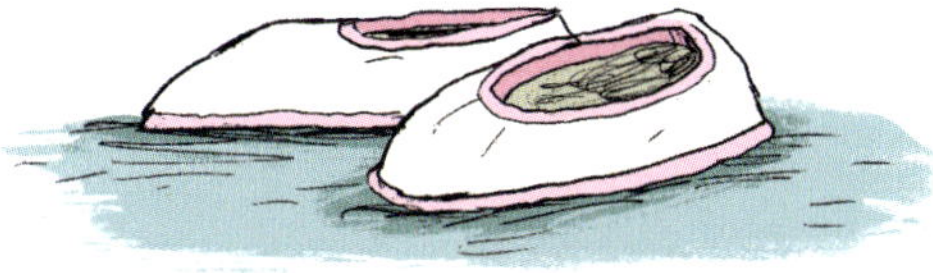

Nachdem sie sich aufgewärmt haben, klatscht Julia in die Hände.
„Wir üben jetzt noch mal den Salto vorwärts!“, ruft sie.
„Sven, kümmerst du dich? Ich muss schnell etwas mit meiner Lerngruppe klären und komme gleich wieder.“

Alle drängeln, um möglichst weit vorne in der Reihe zu stehen. Nora trödelt und rutscht immer weiter nach hinten. Vielleicht kommt sie ja erst dran, wenn Julia zurück ist.
„Was ist denn mit dir los?“, zischt Emilia. „Hast du heute keine Lust?“
„Doch, natürlich!“, brummt Nora. Und sie hat ja auch Lust zu turnen, aber ...
Sie traut es sich nicht mal zu denken, aber es ist so, dass sie nicht so gern turnt, wenn Sven die Hilfestellung gibt.

Er fasst dann immer so komisch zu.
Nora mag das nicht. Es fühlt sich nicht richtig an.
Es fühlt sich genau wie das Anfassen an, über das sie in der Schule gesprochen haben und das man sich nicht gefallen lassen braucht.

Von niemandem.

Eigentlich müsste sie das sagen, denkt Nora. Aber das geht doch nicht, oder?

Sven ist ja nicht irgendein Erwachsener. Es ist *der* Sven, den alle toll finden, der beste Trainer, den sie je hatten, und dazu noch nett und lustig.
Außerdem hat er gesagt, dass sie großes Talent hat.
Das sagt er bestimmt nicht mehr, wenn sie …

So ein komisches Gefühl

„Nora?“ Das ist seine Stimme. Sie hat gar nicht gemerkt, dass sie schon dran ist. Sie hebt den Fuß, um auf die Matte zu springen. Nein, jetzt hat sie falsch angefangen. Also noch mal. Wieder falsch. So wird das nichts. Es ist, als ob sie ihre eigenen Füße nicht mehr kennt.
Sie versucht es ein drittes Mal. Wieder nichts.

„Was ist denn los, Nora?“, fragt Sven. Da ist eine Ungeduld in seiner Stimme. Alle schauen sie an. Und da sagt sie es. Genauso, wie sie es zuvor gedacht hat. Alles.

Sven bleibt der Mund offen stehen.
Okay, nun ist es raus. Und was passiert jetzt? Am besten, sie geht sofort nach Hause. Ob sie bei den Neustädtern weiterturnen kann? Oh Mann, was für ein bescheuerter Gedanke.

Julia kommt zurück in die Halle. „Gut, dass du da bist“, sagt Sven. „Ich glaube, wir müssen reden.“

Nora steht auf einmal allein da. Die anderen sind ein paar Schritte zurückgegangen und sehen aus, als wollten sie mit der ganzen Sache nichts zu tun haben. Sogar Emilia steht nicht mehr ganz so dicht bei ihr wie gerade eben noch.

Sven erzählt Julia die ganze Geschichte. Nora hört nur mit halbem Ohr zu. Am liebsten würde sie im Boden versinken. Julia und Sven holen ein paar Bänke aus dem Geräteraum.

Was soll denn das jetzt?

„Kommt ihr bitte her?“, ruft Julia. „Wir haben etwas zu besprechen.“

Nora beißt sich auf die Lippe. Auch das noch.

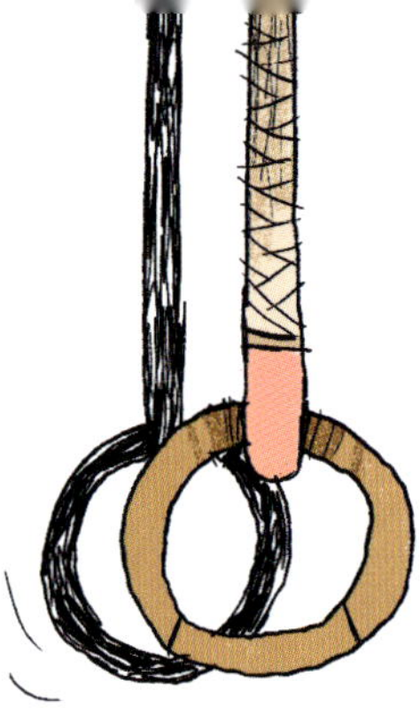

Nora möchte im Boden versinken

Da ist ein Gemurmel und Füße scharren. Warum ist hier kein Loch im Hallenboden? Nora wünscht sich ihren Kapuzenpullover herbei, in dem man so gut verschwinden kann.

Julia will anfangen zu reden, aber Sven winkt ab. Er ergreift selbst das Wort.

Jetzt sagt er bestimmt gleich, dass Hilfestellung nun mal nötig ist und dass es ganz anders ist, als sie das empfindet, und dass er sich keiner Schuld bewusst ist. Nora zupft an ihrem T-Shirt, aber es ist zu eng, um sich darin einzuwickeln.

Sven räuspert sich.
„Das war sehr mutig von dir, Nora. Vielen Dank!“, sagt er.

Echt jetzt?

Er erklärt, dass es ihm leidtut und dass er auf keinen Fall wollte, dass seine Hilfestellung solche Gefühle auslöst.
Er sagt: „Da müssen wir eine andere Lösung finden“, und fragt, ob sich noch jemand unwohl gefühlt hat.
Keine meldet sich.
Sven nickt.

„Das Thema ist mir sehr wichtig“, sagt er, „und ich erzähle euch auch, weshalb. Ihr wisst ja, dass ich schon sehr früh mit dem Turnen angefangen habe. Es hat mir riesigen Spaß gemacht. Mindestens so viel wie dir, Nora. Und ich war sehr schnell supergut. Deshalb hat es mir gleich noch mehr Spaß gemacht. Ich fand es toll, wie stolz mein Vater war, wenn ich eine Medaille nach Hause gebracht habe.“

Er fährt fort: „Ich hatte auch einen Supertrainer. Auch er war sehr stolz auf mich und hat mich ermutigt, immer größere Herausforderungen anzunehmen. Und er fand ..." Sven räuspert sich und es hört sich an, als ob es ihm schwerfiele, weiterzureden.

„... er fand, dass ich ein besonders hübscher Junge wäre. Wir haben uns immer umarmt, wenn mir etwas besonders Gutes gelungen war. Das mochte ich."

Sven räuspert sich. „Aber irgendwann fing es an, dass mir das nicht mehr so gut gefallen hat. Die Umarmungen wurden mir zu eng.
Später hat er mich auch noch so komisch gestreichelt. So, als wären wir ein Liebespaar. Das fand ich schrecklich, aber ich habe nichts gesagt, weil ich nicht sicher war, ob ich mir das alles nur einbilde.
Und ein bisschen auch deshalb, weil ich Angst hatte, dass ich dann nicht mehr sein liebster und bester Turner sein würde, auf den alle so stolz waren.“

Eine dunkle Wolke

Er fährt sich mit beiden Händen übers Gesicht. Dann spricht er weiter: „Es wurde immer schlimmer und heftiger mit dieser Streichelei. So sehr, dass es keinen Zweifel mehr geben konnte, dass das nicht richtig war. Ja, sogar verboten. Da habe ich mich erst recht nicht mehr getraut, weil ich dachte, ich sei selbst schuld. Schließlich hatte ich am Anfang auch nichts gesagt.
Ich habe dann Medaillen gewonnen und wurde gefeiert, aber richtig gefreut hat mich das gar nicht mehr.
Es war, als ob ich in einer dunklen Wolke lebe, aus der ich nie mehr rausfinden kann."

„Aber dann hast du doch herausgefunden“, sagt Julia. „Aus der dunklen Wolke, meine ich.“

Sven nickt. „Ja, das stimmt. Aber es war ein langer Weg. Irgendwann habe ich mich meiner Mutter anvertraut. Sie hat sich alles ganz ruhig angehört und mir dann geholfen. Der Trainer darf heute nicht mehr mit Kindern arbeiten. Er hat seine Strafe bekommen.“

Er atmet tief aus und strafft seine Schultern.
„Ich bin in eine Therapie gegangen und da wurde mir klargemacht, dass ein Kind niemals schuld an so einer Situation ist.
Es ist toll, wenn jemand es wagt, die Dinge direkt anzusprechen, so wie Nora es getan hat. Aber kein Kind hat die Pflicht, das zu können.
Die Verantwortung tragen die Erwachsenen, die so etwas tun."

Ganz schön mutig

„Es hat lange gedauert, bis ich wieder mit der gleichen Freude ans Turnen denken konnte wie früher, aber jetzt ist es so.
Und damit das bei euch auch so ist, reden wir darüber, wie wir trainieren können, ohne dass jemand sich unwohl fühlt. Vielleicht sagt ihr mir, wie ich es besser machen kann. Oder mögt ihr lieber, dass nur Julia euch Hilfestellung gibt?
Es ist okay, egal, wie ihr euch entscheidet."

Emilia greift nach Noras Hand und drückt sie fest.
Nora meldet sich. Sie sagt:
„Danke, Sven. Ich finde, du warst auch ganz schön mutig."

Das wollen wir wissen

Um alles zu besprechen, hat sich die Mannschaft noch einmal extra getroffen. Ein paar von denen, die im Verein andere Sportarten machen, sind auch dazugekommen.

Julia ist noch ein wichtiges Thema eingefallen, über das man mal reden sollte.

Sie ist nämlich ebenfalls eine sehr gute Turnerin, aber an den großen Wettkämpfen kann sie nicht mehr teilnehmen, weil sie sich einmal schwer verletzt hat. Und das ist passiert, weil sie total überanstrengt war. Sie wollte unbedingt die Beste sein. Dabei ist sie sich gar nicht sicher, ob das wirklich ihre eigene Idee war. Es kann sein, dass sie es nur wollte, weil es ihrer Mama so wichtig war.

Als sie einmal dabei waren zu reden, waren sie ganz erstaunt, was ihnen noch alles eingefallen ist.

Jeden Punkt haben sie ausführlich besprochen. Und damit sie sich immer wieder daran erinnern können, haben sie das Wichtigste auf eine große bunte Liste geschrieben.

1. Mein Körper gehört mir! Auch im Sport!

Sport ist eine tolle Sache. Es macht Spaß, mit den anderen zu trainieren, vor allem wenn es mein Lieblingssport ist.

Wenn uns etwas Gutes gelungen ist, spüre ich das bis in die Zehenspitzen.
Vor lauter Freude umarmen wir uns dann manchmal.
Aber ich muss mich nicht umarmen lassen, wenn ich nicht will.

Auch wenn ich es schon einmal schön gefunden habe, zu umarmen oder umarmt zu werden, habe ich das Recht, es beim nächsten Mal nicht zu mögen und es auch zu sagen.

Im Sport ist es manchmal nötig, Hilfestellung zu bekommen.
Ich darf jederzeit sagen, wenn ich mich damit nicht wohlfühle. Bestimmt gibt es eine Möglichkeit, es anders zu machen. Es ist gut, wenn ich vorher weiß, welche Griffe nötig sein werden.

Ich allein entscheide, was mit meinem Körper passiert.

2. Ich passe auf meinen Körper auf

Sport macht Spaß, auch wenn es anstrengend ist.
Und manchmal ist es genau das Anstrengende, das am meisten Spaß macht.
Aber manchmal tun wir vor lauter Begeisterung zu viel und überhören, was der Körper sagt.

Deshalb üben wir es, darauf zu hören.
Am Anfang des Trainings nehmen wir uns Zeit für eine kleine Runde, in der wir sagen, wie sich unser Körper gerade jetzt im Moment anfühlt.

Mein Körper will Gummibärchen.
Ich habe noch Muskelkater vom letzten Mal.
Meine Füße wollen und wollen nicht warm werden.
Ich habe eine neue Brille, das ist ganz ungewohnt. Auf den Schwebebalken gehe ich heute besser nicht.
Ich bin gerannt, weil ich so spät dran war. Jetzt zittern mir die Knie.
Ich fühle mich heute stark wie eine Löwin.

3. Ich mache den Sport, weil ich es will und nicht für jemand anderen

Wir sind eine Gruppe oder eine Mannschaft, deshalb sind wir füreinander da. Es ist schön, dass wir gemeinsam viel erreichen können.
Aber wenn ich etwas nicht schaffen kann oder nicht schaffen will, ist das auch in Ordnung.

Es gibt immer Tage, an denen ich nicht ganz so viel Lust habe. Das ist normal.
Oft ist es so, dass der Spaß wiederkommt, wenn ich ein bisschen durchhalte.

Aber ich darf mir jederzeit überlegen, ob es für mich noch der richtige Sport ist. Ich muss nicht durchhalten, nur weil Mama oder Papa oder sonst wer dann vielleicht traurig sind.

Ich muss auch nicht durchhalten, weil ich nun schon die ganze Ausrüstung habe. Die Sachen kann man wieder verkaufen.

Es ist aber gut, wenn ich mir bei so einer Entscheidung Zeit lasse. Dann kann ich sicher sein, dass ich nicht nur einen kleinen Durchhänger habe.

4. Ich bin nicht allein

Auch wenn es einen anderen Grund gibt, weshalb mir der Sport nicht mehr so viel Freude macht, habe ich das Recht, darüber zu sprechen.

Zum Beispiel:

Die andern ärgern mich immer.

Ich ärgere mich, weil ich nicht so gut bin wie die anderen.

Ich werde geärgert, weil ich nicht so gut bin, obwohl mir der Sport eigentlich gefällt.

Die neue Trainerin ist mir viel zu streng.

Ich habe Angst, immer der Letzte zu sein.

Jemand ärgert mich aus Neid, weil ich ziemlich gut bin.

In den neuen Trikots fühle ich mich total unwohl.

Seit wir immer nur für den nächsten Wettkampf trainieren, macht es mir nicht mehr so viel Spaß.

Wenn wir darüber reden, ist das eine gute Sache. Keiner hat das Recht, mich deswegen zu ärgern.

Vielleicht mag ich gleich mit der ganzen Gruppe sprechen oder ich rede erst mal mit jemandem alleine, dem ich vertraue.

Gemeinsam überlegen wir, was zu tun ist.

Manchmal ist es dann gut, sich Rat und Hilfe von außen zu holen. Es gibt Experten, an die man sich wenden kann. Es ist völlig in Ordnung, das zu tun.

Wir passen auf uns auf.
Auf unseren Körper.
Und auf unsere gute Laune.

Unverletzte und glückliche
Sportler sind immer Sieger.
Sogar wenn sie verlieren.

Beratungsstellen

Hilfe-Telefon Sexueller Missbrauch
Tel.: 0800 22 55 530
(Telefonzeiten: Mo., Mi., Fr.: 9-14 Uhr; Di., Do.: 15-20 Uhr)
www.hilfe-portal-missbrauch.de/hilfe-telefon

Anlauf gegen Gewalt
Tel.: 0800 90 90 444
(Mo. 11-14 Uhr; Do. 16-19 Uhr)
E-Mail: *kontakt@anlauf-gegen-gewalt.org*
www.anlauf-gegen-gewalt.org

Infotelefon Aufarbeitung sexueller Kindesmissbrauch
Tel.: 0800 40 300 40 (kostenfrei & anonym)
www.aufarbeitungskommission.de

Deutscher Kinderschutzbund Bundesverband e.V.
Bundesgeschäftsstelle
Schöneberger Straße 15
10963 Berlin
Tel.: 030 2148090
E-Mail: *info@dksb.de*
www.dksb.de

Bundesarbeitsgemeinschaft der Kinderschutz-Zentren e.V.
Bonner Straße 145
50968 Köln
Tel.: 0221 569753
E-Mail: *die@kinderschutz-zentren.org*
www.kinderschutz-zentren.org

Zartbitter Köln e.V.
Kontakt- und Informationsstelle
gegen sexuellen Missbrauch an Mädchen und Jungen
Sachsenring 2-4
50677 Köln
Tel.: 0221 312055
E-Mail: *info@zartbitter.de*
www.zartbitter.de

Österreich

die möwe – Kinderschutzzentren
gemeinnützige GmbH
Börsegasse 9/1
1010 Wien
Tel.: 01 5321414
E-Mail: *kinderschutz@die-moewe.at*
www.die-moewe.at

Rat auf Draht
Kinder- und Jugendtelefon: 147
www.rataufdraht.at

Schweiz

Kinderschutz Schweiz
Schlösslistraße 9a
3008 Bern
Tel.: 031 3842929
E-Mail: *info@kinderschutz.ch*
www.kinderschutz.ch

Nachwort

Sport ist eine tolle Beschäftigung für Groß und Klein. Vor allem die gemeinsame Ausübung in der Gruppe kann eine bereichernde Erfahrung für Kinder sein. Sie können sich ausprobieren, ihre Grenzen austesten, das Siegen und Verlieren lernen. Das sportliche Training findet bestenfalls in einem bestärkenden und sicheren Umfeld statt. Es trägt dazu bei, aus Kindern selbstbewusste und gesunde Mitglieder der Gesellschaft zu formen.

Dagmar Geisler geht in diesem Buch einfühlsam auf ein schwieriges Thema ein und gibt mögliche Antworten auf die Fragen „Was mache ich als Kind, wenn sich etwas nicht richtig anfühlt?“ und „Wie gehe ich als Betreuer*in mit Verdachtsfällen um?“.

Dieses Buch ermutigt Kinder dazu, auch im sportlichen Rahmen auf ihre Gefühle zu achten und diese in Worte zu fassen. Es sensibilisiert Eltern und Betreuer*innen dafür, auf die Warnsignale zu achten, Äußerungen ernst zu nehmen und bei Verdacht einzuschreiten.

Medaillen sind nicht wichtiger als die körperliche und geistige Gesundheit, schon gar nicht die der Kinder. Wer für sich selbst einsteht, hat am Ende immer gewonnen. Es ist wichtig, das schon von klein auf zu vermitteln.

Alexandra Ndolo

© Jahreiss.com

Dagmar Geisler hat schon mehrere Elterngenerationen dabei unterstützt, ihre Kinder in emotional schwierigen Situationen zu begleiten. Mit ihrer Reihe „Emotionale Entwicklung für Grundschulkinder“ behandelt die Autorin sensibel die wichtigsten Themen rund ums Großwerden: vom Körperbewusstsein über die Erkundung der eigenen Gefühlswelt bis hin zur sozialen Interaktion. Zu ihren Arbeiten gehört auch immer eine Portion Humor. Auch wenn es ernst wird – und dann erst recht.

Ihre Bücher wurden in 20 Sprachen übersetzt und erscheinen unter anderem auch in den USA.

© privat

Nikolai Renger wurde in Karlsruhe geboren und studierte Visuelle Kommunikation an der HFG in Pforzheim. Er ist als freiberuflicher Illustrator für verschiedene Verlage und Agenturen tätig und arbeitet seit 2013 im Atelier Remise in Karlsruhe.